Patrick Rabe

Er war lange weg, der Mann…
Überleben in Corona-Town

Gedichte und Kurzprosa

Impressum:

„Er war lange weg, der Mann… (Überleben in Corona-Town)"
Gedichte und Kurzprosa
Originalausgabe
Sommer 2020
© by Patrick Rabe, 2020
Herstellung und Verlag: BoD
Books on Demand, Norderstedt
ISBN: 9783750498747
Das Werk ist urheberrechtlich geschützt

Umschlaggestaltung: Books on Demand
Umschlagsillustration: Roswitha Rösch "Nichts als die Wahrheit"

Ein Mann kommt nach Deutschland.
Er war lange weg, der Mann.
Sehr lange. Vielleicht zu lange.
Und er kommt ganz anders wieder, als er wegging.
(…)
Und da erlebt er einen ganz tollen Film.
Er muss sich während der Vorstellung mehrmals in den Arm kneifen,
denn er weiß nicht, ob er wacht oder träumt.
Aber dann sieht er, dass es rechts und links neben ihm noch mehr Leute gibt,
die alle dasselbe erleben.
Und er denkt, dass es dann doch wohl die Wahrheit sein muss.

Wolfgang Borchert, „Draußen vor der Tür"

You know, where you are? You're in the jungle, baby. You're gonna die.

Guns `n Roses, „Welcome to the jungle"

Kleiner Bruder, wie oft sage ich dir schon, dass Schir Khan dein Feind ist?

Baghira zu Mogli in "Die Dschungelbücher" von Rudyard Kipling

„I'll kill that cat!"

Butler James in „Dinner for one",
nachdem er zum wiederholten Mal über das Tigerfell gestolpert ist.

Probier's mal mit Gemütlichkeit!

Balu im Disney-Film „Das Dschungelbuch"

Heißa! Ich tanze auf dem blutigen Fell Schir Khans!

Aus „Moglis Siegeslied" in „Die Dschungelbücher" von Rudyard Kipling

4

And everytime I scratch my nails in someone elses back, I hope you feel it!

Alanis Morissette, „You oughta know"

Without freedom of speech, I might be in the swamp.

Bob Dylan, „Motorpsycho Nitmare"

Sie ist meine kleine Katze!

Dieter Bohlen, Ende der 1980er, als er C.C. Catch ansagte

Take me down to the paradise city, whre the grass is green, and the girls are pretty!

Guns `Roses, „Paradise City"

„Als was würden sie sich bezeichnen?", fragte die Frau auf dem Standesamt. „Als Mensch.", sagte ich, „Altmodisch, nicht?"

Patrick Rabe

Teil Eins:
Hose runter, ich bin jung!

Augen, die lieben, morden nicht (Sisters of Mery'des)

Die Wetter-App versagt, und ich höre, wie sie flüstern,
wie sie draußen nicht mehr wissen, ob sie hellen oder düstern,
die Schwestern der Gnade, so nennt man sie sehr gern,
doch sie rennen morgens blind gegen den Mercedesstern.

Ich sag jedes Mal zu ihnen, bleibt doch bloß mit mir hier drinnen,
doch wenn ich dann selig schlafe, schleichen sie sich schnell von
hinnen,
sie denken, dass das Licht, das ich ihnen gab, schon reicht,
und dass man sich zur Not im Dunkeln an den Sternen eicht.

Doch wenn es dann erlischt, sind sie blind für den Weg,
erst scherzen sie noch viel, doch dann verpassen sie den Steg,
der auf die gute Seite führt im Modus des Vertrauens,
und sehen an dem Tor zur Nacht die Schwestern dann des Grauens.

Da packt ein Eishauch sie im viel zu finster'n Wald
und ihre Ebenbilder aus der Klapsmühlenanstalt,
sie schwingen ihre Messer, und nur Gottes milde Hand
beruhigt ihre Herzen, rettet Schönheit und Verstand.

Er rettet sie und mich, bevor der Nachtmahr bleich erscheint,
und hat uns, eh der Tag erwacht, schon wieder selig süß vereint,
doch stets fürchte ich den Tag, an dem Träume nicht mehr reichen,
denn wenn echte Messer stechen, werden Menschen doch zu
Leichen.

Falsche Bräute sind sehr hübsch, doch sie sind immer dieselben,
sie passen in die Zeit, sind mal Feen, und mal Elben,
sie seh'n genauso aus wie meine Lieben von heut früh,
doch rufen geisterhaft: "Deine beiden sind perdue."

Doch dann kommen auch sie wieder und sie legen mich in Ketten,
und wollen, dass ich rate, welche töten, welche betten,
welches von den Pärchen lebt und welches in der Nacht erfror'n,
welches doch den Feind erblickt, während es ward neu gebor'n.

Und dann halt ich ihre Hände und die Augen, ja sie leuchten,
ihre Ketten fesseln nicht und mein Gestammel ist kein Beichten,
doch ich zittere um Beide, denn ich setze nicht aufs Spiel,
was ich nicht selber sehe, Träume sind ein Weg, kein Ziel.

Und sind sie fortgegangen, und Dunkelheit umgibt mich ganz,
dann kommt mein Feind hervor und ich trag des Leidens Kranz.
Er schlachtet mich mit Messern, lallt dabei, ich sollt' vergeben,
er hackt den Kopf mir ab, und doch: Am Morgen neues Leben.

Wenn die Schwestern der Gnade draußen Tag und Nacht
vertauschen,
hört man Schüsse und Geschrei, doch auch sanfte Flüsse rauschen,
und dann wünsche ich sie frei, fröhlich, liebend, wohlbehalten,
hätt' sie lieber hier bei mir, es ist nichts mehr ganz beim alten.

Neuer Junge

Ein neuer Junge ist in der Stadt,
wir mögen ihn alle, er ist so süß.
Ob er ein kleines Kämmerlein hat,
in dem sich mit ihm schlafen ließ?

Ein neuer Kunde betritt den Laden,
er kauft hier gerne, es schmeckt ihm wohl,
er grüßt uns höflich, schätzt, was wir haben,
wirkt traurig, doch stinkt nicht nach Alkohol.

Ein neuer Mann führt gute Reden,
wär der nicht was für unsre Partei?
Er tut was für viele und achtet jeden,
die Menschlichkeit ist ihm nicht einerlei.

So dreht er die Runde. Ein Freund im Torweg,
nur der weiß allein, er ist hier nicht neu.
Er sieht ihn noch an, dreht nicht sein Ohr weg,
und hört seine Klagen, sein nächtlich Geschrei.

Doch die, die ihn kennen, aus guten Tagen,
die zeigen ihm jetzt ihr wahres Gesicht.
Sie tuscheln und spotten, oder wollen nicht fragen,
spucken hinter ihm aus, gönnen ihm nicht sein Licht.

Wer im Warmen liegt, muss in der Nacht nicht so frieren,
wer das Leid nicht kennt, lacht manchen an, manchen aus,
wen die Hunde nie bissen, fürchtet sich nicht vor Tieren,
ein Dornengekrönter steht bittend vorm Haus.

Ein neuer Junge ist in der Stadt,
er dreht mit der Liebsten sich werbend im Kreis,
am Frühlingsbaum grünt wieder Blüte und Blatt,
"Hosianna" und "Kreuzigt ihn" flüstert es leis.

Angelehnt an "New Kid in Town" von den Eagles.

Wachzustand

Zwischen schal gewordenen Verheißungen
Einsam im Kinderzimmer
In den Ecken liegen Dämonen
Der Weihnachtsbaum von Gespenstern gerodet
Das Ostergrab nicht leer
Sondern voll mit Widersprüchen.

Marxisten Nihilisten Christen
Woody Guthrie war mein letztes Idol
Und Rudolf Steiner mein letztes Irrlicht
Träum den Traum nochmal
Alle lügen alle sprechen wahr
Tanzende Sterne im gottlosen Universum.

Verzettelte Teddybären
Plärren Mutters Gesänge
In schallisolierte Räume
Man muss die Nachbarn vor diesem Unhold schützen
Zeigt sein Glied der Strapsgretel
Und dem Mädchen von gegenüber.

Oh ja ich habe gern gelebt
In all diesen Szenerien
Langanhaltender Restauranthockerliebe
Habe dein Haar und deine Brüste gestreichelt
Du affengeiles Wesen voll von Süßigkeit
Und Trieb.

Habe mich selber verworfen
Und jede Ideologie
Den Mythos niedergerungen
Doch kann nicht atmen ohne ihn
Zünd nasses Streichholz an erneut
Nass von meinen Tränen.

Manche alten Hymnen bleiben wahr
Der Mythos lebt
Das Herz schlägt
Und ich gehe ins Erwachsenenzimmer
Und fege die Dämonen aus den Ecken
Auskehr Abkehr Einkehr

Träumdentraumnochmal.
Aberjetztimwachzustand.

Leben

Und deine Haare rochen gut nach Abenteuer,
und in der Küche gab's Orangensaft im Glas.
Und deine Mutter lernte spanisch und gab deinem Vater Feuer,
während ich in deinem Duft die Zeit vergaß.

Und ich glaube, damals wählte ich das Leben,
oder wählte jenes Leben etwa mich?
Jenes Leben des Sich-scheu-die-Hände-Gebens
und sich Küssens, eh die Lust darauf entwich?

Keine Schlange störte damals unser selbstgewähltes Eden,
doch das Leben kam dazwischen wasserkalt,
und das Dehnen unsres Weltraums trifft am Ende wirklich jeden,
und ein Universum schafft sich selber, wenn es knallt.

Und nun habe ich heut Nacht schon wieder wachgelegen
in Erwartung auf den heil'gen, wilden Musenkuss.
Für zwei Stunden war er dann zwar auch zugegen,
aber sagte, dass er weiterziehen muss.

Und ich folgte Kirchenglocken und den Schellen
an 'nem großen, bunten Hippietambourin,
hörte hinter mir zum Abschied noch die Kettenhunde bellen,
fröhlich werd ich meine Straße heimwärts zieh'n.

Und Zuhause ist der Duft von deinen Abenteuerhaaren,
und die Küche mit Orangensaft im Glas.
Ach, wie weit, mein Schatz, muss man doch diese Welt umfahren,
bis man wiederfindet, was man einst vergaß.

Liebesakt

Aus blauem Ton
von leichter Hand herabgeholt
so sprenkelt auf das Lager gold'ner Regen.
Sie weiß es schon:
Aus Blei wird Alchemisten Gold,
aus Fluch und Gift wird Christen Segen.

Die Hand erneut
ertastet sich den weiten Weg
zu ihren schnittgenauen Sinuslenden.
Erfreut bereut
er jenes schlimme Sakrileg,
den heil'gen Fluss ins tiefe Dämmertal zu senden.

Nun bleibt die Nacht
und schweigt, und schweigt die Liebenden nach Haus,
so flach liegt Mensch an Mensch in sanftem Glücke.
Der Mond erwacht,
man sieht noch unklar, sieht noch nichts genau's.
Der Friedhof wartet. Ums Bett summt eine Mücke.

Wie es kam, dass Romeo und Julia im deutschen Herbst unter einer Decke steckten, ohne Verbrecher zu sein

Ich geb zu, meine Kindheit war behütet und schön,
ich bin nicht als Rebell gebor'n,
ich war ein liebes Kind, wie das Girl in "Free Fallin'",
verliebt in Jesus und traumverloren.
Oft kuschelte ich mich an meine Mama,
sie las mir vor, und Papa auch,
es waren zarte Menschen, meine Eltern,
sie pflegten Tradition und Brauch.

Doch hin und wieder waren am Morgen verwüstet
die Gärten, mancher Zaun zerstört.
"Das waren Vandalen" sagte darauf mein Vater,
ich hab es nie anders gehört.
Und Montags am Kiosk da klebten Plakate mit RAF-Terroristen
darauf.
"Sie kommen uns holen!", das sagte niemand,
doch Gedanken waren im Ausverkauf.

Ich hab nie gelitten, ich habe geliebt,
hab nur einmal den Kopf umgedreht,
er kann ja nach zwei Seiten problemlos schau'n,
ich glaub, dass ihr mich versteht.
Und da sah ich den Baader vorm Spiegel stehn,
und wollte so sein wie er,
der geilste Narziss, der die Frauen anpfeift
und der Krieg führt, gegen alles, was leer.

Und ich grub meinen Kopf in das Kissen und wünschte,
meine Kindheit wäre vorbei,
und irgendetwas wie Ernst oder so
beendete die Tyrannei
der so gruselig merkwürdig heilen Welt,
da war ich Schläfer, vom Kuckuck gelegt,
und wenn Träumer als Schläfer das Ticken vernehmen,

dann hat Baader 'ne Bombe gelegt.

Und irgendwann in meiner Jugend dann so,
kloppten Punks sich mit Naziskins,
doch ich lief mit meiner Gitarre da durch,
denn ich meinte ein anderes "Links".
Ich meinte nicht "Rauch Haus" und nicht "Macht kaputt",
sondern "Und die Morgensonne schien!"
"Alle Gefängnisse leer.", "Keine Kriege mehr",
das Lied war ein Drängen und Zieh'n.

Doch dann sah ich dich und mir war alles klar,
Masken fielen in Ohnmacht zu Boden,
Treppen stürzten und ich fiel in die Nacht
und das Schweigen sang Batikhemd-Oden.
In den Stürmen und Blitzen, Messern, Beilen, Pistolen,
rannten wir unversehrt in den Sinn,
Bürgersohn knallte auf Schmuddelkind,
fand die kindliche Kaiserin.

Fado von Zäunen, Reste aus Träumen

Die Fremden sie sitzen heut Nacht auf den Zäunen,
sie kommen aus Spießbürgers quälenden Träumen.
Sie singen ein Lied, das sie uns mitgebracht,
wie ein blaues Organ ruft die lockende Nacht.

Ich halte dich lieb in dem storzigen Bett,
du bist nackt in den Kissen wie ein Brötchen mit Mett.
Und roh ist dein Fleisch, doch es duftet so süß,
wie die Liebe, die mir deine Seele verhieß.

Die Zigeuner, sie dreh'n das Harmonium im Wind,
auch der kranke Chanson ist vor Mailiebe blind,
und die Tränen, sie weh'n durch ein sterbendes Land,
wo ein wartendes Meer seinen Herzensgrund fand.

Ein Kind kennt das Märchen vom traurigen Hans,
und der Hund von Carl-Gustav bellt laut mit dem Schwanz.
Erkennend seh ich mich im Spiegelbild an...
und ich trinke die Nacht, wie ein blaues Organ.

Jugendzimmerkathedrale

Ich bin ein alter Hirtenhund,
ich akzeptier die Dornen,
die Liebe fließt in meinen Mund
aus klar-kristall'nen Bornen.

Doch leben wir im Dreck der Welt,
ein Jahrmarkt ist das Leben,
und alles kostet immer Geld,
so läuft das Spielchen eben.

Doch sehn' ich mich, es wär kein Spiel,
es wär 'ne Kathedrale,
ich will nur dich, ich will nicht viel,
du bist es, die ich male.

Dein Rosenduft erfüllt die Nacht,
dein Funkeln hellt mein Zimmer,
im Dreck der Welt ist Gott erwacht,
ach, bliebest du doch immer.

Du bist kein Engel, bist kein Tier,
im Halblicht fällt die Hose,
und trotzdem bringst du Gott zu mir,
den Dorn und auch die Rose.

Liebesperlen für 50 cent und die letzte Grenze

Ich hatte anders gewettet, ohne jemals zu wetten, mein Freund,
ich ging haarscharf auf der Nadel, jetzt schreist du ein "Ausgeträumt!"
Du hast mich zu dir gerufen, mit sehnsüchtig-liebendem Blick,
aber schicktest deine Spione, als ich ging meinen Weg hin ins Glück.
Du sagtest, ich solle dich finden, ich öffnete Herz, Hirn und Hand,
doch als ich dir nah kam, da schlugst du die Faust mir auf meinen
Verstand.
Ich sah dich in allen Dingen, wusste nicht um die Eifersucht dein,
dich finden ist beinah unmöglich, du möchtest allein mit mir sein.
So spielst du nun deine Scharaden und wackelst an meiner Welt,
ich schau in millionen von Augen und seh einen Gott, der fällt.

Tristesse bei Bombenwetter

Aus, aus, es ist vorbei.
Nichts, wie man's gerne hätte,
der Zauberer gießt Blei,
die Engel schreddern Städte.
Der Unfähige stopft Jesus
'nen Knebel in den Mund,
dann hält er Hitlerreden
und sagt, Schnaps sei gesund.
Er kippt sich einen rein,
fällt trunken von der Bühne,
es weicht der heil'ge Schein:
Ein Bild von Schuld und Sühne.
Der kleine Feigling pieselt
verschämt nur hinterm Haus.
"Es gießt nicht, doch es nieselt."
Noah sagt es graderaus.

Wenn der Mensch sichtbar wird

Ein Bild in den Sternen,
Vatergesicht,
nie zu entfernen,
vergiss mein nicht.

Er zieht seine Liebste
heran und herauf,
dann zieht sie von oben,
ein Jojo im Lauf.

Sie sehen sich an,
und sie küsst seinen Mund,
er zieht sie hinab
in den dunkelsten Schlund.

Und dann ist es Nacht,
zwischen Hoffen und Leiden,
in Abgründen schallt noch
das Lachen der beiden.

Der Kneipenbesucher und das Tresenmädchen

(Lied von der Augenhöhe)

Dinge überkreuz seh'n nennt man "crosseyed",
es schwingt auch immer "Unterstellung" mit.
Ein Gutschein für die Liebe ist ein "Free ride",
doch Geld macht aus dem Liebesritt 'nen Tritt.
Erst bricht der Blick, dann sieht man wieder deutlich,
dann bricht die Lanze und man reicht die Hand,
dann bricht die Welt entzwei, man sucht sich zwischenzeitlich,
dann brichst du mir das Kreuz und mir bricht der Verstand.
Ein Tresen ist zu hoch, um Arsch zu zeigen,
was nicht bedeutet, dass man keinen hat,
ein geiler Blick tut weh, wenn dann kein Kuss kommt,
die Nacht ist dunkel, mich verschluckt die Stadt.

***

Ende Teil Eins

Teil Zwei:

Erwachen in Corona-Town
(Glatte-Durchschuss-Songs in Prosa)

Ein normaler Tag im Leben eines arbeitslosen Künstlers
oder
Die Cola des Sportunbegeisterten vorm Elfmeter des Tormanns

"Ich habe ihnen einen Vorschlag zu machen!", sagte der Mann hinter dem Schreibtisch. "Die volle Verbumfidelung ihrer Träume!"

Ich nickte und räusperte mich unsicher.

"Ist das das Angebot, das man nicht ablehnen kann?", fragte ich wenig überzeugt und insgeheim etwas enttäuscht.

"Das könnte sein.", sagte mein Gegenüber mit vielsagendem Nullgesicht. Irgendwo in meinem Hinterstübchen fragte ich mich auch kurz, ob es sich um ein nichtssagendes Vielgesicht handeln könnte, das gewohnt war, Zahlen mit vielen Nullen zu bewegen.

"Wissen sie.", sagte ich, "Ich weiß nicht genau, was 'Verbumfidelung' bedeutet. Und bevor ich das nicht weiß, möchte ich meine Träume einem solchen Prozess nicht aussetzen."

"Ääääächt?????, das wissen sie nicht?", fragte der kleine, grüne Gnom, der daraufhin unter dem Schreibtisch des Plattenbosses hervorkroch. "Das weiß doch heute jedes Kind. Dieter Bohlen hat es bei DSDS gesagt, in der 30. Staffel irgendwo zu irgendwem aus der Jury. 'Den verbumfideln wir jetzt richtig!'"

"Das klingt eher nach fertigmachen...", rief ich entsetzt.

"Neeeeeiiiin.", sagte der Mann hinter dem Schreibtisch. "Das ist ein Phantasiewort und bezieht sich auf eine deutsche Kinderbuchserie über einen dämlichen, dicken Jungen namens Bumfidel."

Jetzt kam ich richtig ins Schwitzen. "Äh, heißen Leute in Deutschland etwa so?"

"Nein!", sagte der Plattenboss, nun mit ziemlich rauhem Unterton. "Leute in Deutschland heißen Edeka, Aldi, Rewe und Lidl. Wollen sie nun diesen Plattenvertrag oder nicht?"

"Äh, wie gesagt, ich würde erst mal gerne ergoogeln, was 'Verbumfidelung" heißt, sagte ich.

Der Plattenboss sah mich freundlich und ein wenig traurig an. "Wenn ich das wüsste..."

Dann stand er auf, und nahm eine goldene Schallplatte von der Wand. Er legte sie auf seinen Tisch und streichelte sie. Gedankenverloren murmelte er immer wieder: "Komm doch. Wo bist du bloß!"

Zögernd stand ich auf, zog einen Zettel mit meiner Telefonnummer aus der Tasche und legte ihn neben den mittlerweile weinenden Plattenboss auf den Tisch.

Ich erkannte etwas in ihm, über dessen Enthüllung nur noch eine feine Membran lag. Einen Menschen. Einen Menschen mit einem guten Herzen.

Ich fragte mich, ob es Berufe gibt, die einen Menschen zu etwas werden lassen, was er nie sein wollte. Irgend Etwas in mir sagte mir, dass es nicht am Beruf lag. Mehr an der Art, wie man ihn machte. Und, worauf es einem im Leben wirklich ankam.

Vor mich hinsinnend verließ ich das Büro.

Als ich die Tür schloss, hörte ich einen wütenden Schrei. Erschrocken drehte ich mich um, und öffnete sie noch einmal. Der Plattenboss hatte die goldene Schallplatte genommen und dem kleinen, grünen Gnom über den Kopf gedroschen. "Göla!", rief er aufgebracht, "Warum bringen sie mir immer so beknackte neue Wörter bei, die die Musiker, die wir unter Vertrag nehmen wollen, selber nicht kennen!?"

"Ich heiße nicht Göla.", wisperte der Gnom. "So nennen die Ostdeutschen aus Sachsen und Thüringen das, was wir in Amerika Cola nennen."

Allmählich fragte ich mich, ob es in der Musikindustrie überhaupt irgendwo Leute gab, die kein Rad abhatten.

Ich ging nach draußen, stieg in meine alte Gitarre und hielt mich an einer U-Bahn fest. Oder umgekehrt. Mehrere Leute fanden das wohl absonderlich. War mir aber egal. Denen jetzt auch noch erklären zu müssen, dass das, was ich gerade machte, ein angewandtes Bob-Dylan-Zitat war, das mir die Kraft gab, diesen ganzen Blödsinn durchzustehen, hätte mich die letzten Nerven gekostet.

"Guck mal!", rief ein kleines Mädchen, und zupfte seine Mutter am Arm. "Da ist King Kong! Er hat wieder diese blonde Frau unter dem Arm und jetzt nimmt er bestimmt die U-Bahn und schmeißt sie durch die Luft!"

Zum Glück öffneten sich jetzt die U-Bahn-Türen und ich stieg ein. Auf in ein neues Abenteuer.

"White room" (Patrick-Rabe- Morgens-um-halb 8-Version)
- Halb aus Traumresten halluziniertes, dialogisches Monologstück

Scheiß Morgen, beschissen geschlafen, Kaffee schmeckt wie Scheiße,

und die Nachbarn beschweren sich, warum ich so oft "Scheiße!" schreie,

die Neger, die "Farbige" genannt werden wollen, "Shit" rufen und Shit rauchen,

immer mehr Ausländer, die jetzt "Migranten", Flüchtlinge, und "Menschen mit Geflüchtetenhintegrund" heißen,
hier ins Viertel ziehen,

ich aufpassen muss, dass ich nicht für einen nach links kippenden Nazi gehalten werde,

und gleichzeitig verhindern muss, dass die AfD die nächste Reichsbürgerschaft als Olympiade im Volksparkstadion,

das dann "Von Vodafone gesponsertes Elitenbetonrundstadion" heißen könnte,

als Zeugen-Jehovas-Kongress für die Evangelikalen mit Stargast Ozzy Osbourne ausrichtet,

ob es egal ist, ob man beim Dealer "Ott", "Hasch", "Gras", "Marihuana", Hanfsamen, Cannabis

oder eine haschischhaltige Heroinspitze bestellt,

oder ob ich/man/er/sie/es/

wem eigentlich??????

erklären müsste, dass man das nicht telefonisch beim Ottoversand
bestellen kann,

ohne eine Strafanzeige zu riskieren, die sowieso ICH kriege,

weil sowieso alle wissen, was ich auf meinem Rechner so schreibe,

ohne Anna traumaverhindernd deutlich zu machen, dass sie vorwärts
genauso heißt wie rückwärts,

dass das aber nicht heißt, dass sie Otto Waalkes beim Analsex

die beiden A's in die Mitte des Namens gecreamt hat,

um die Anonymen Alkoholiker

zu Karl Konrad Koreander

zu schicken

um Bastian Balthasar Bux

eine Mahnung der öffentlichen Bücherhallen zu faxen,

in der keine 666 vorkommen darf,

ich meinem Waldorflehrer in der 5. Reinkarnationsstufe

der blauen Farbe aus "Gott 0.9"

gleichzeitig erklären soll,

warum ich nicht, doch und sowohl als auch

Jesus, Hitler, Patrick Rabe, Wolfgang Hintendurchdietütentür, Bob
Dylan, Rudolf Steiner,

der Tod, das Leben, und das Staubkorn auf meinem Teppich bin,
dass ich versehentlich weggesaugt habe,

und das deswegen als Sylvesterrakete Joachim Friedrichs als
tausendjähriges Friedensreich

Lina-Luna-Bluna-Fanta

als Atombomen-Mushroom-Stinkmorchel

in die Cola fällt,

und sie sich dann

telepathisch

über meine fehlende Empathie beklagt,

die ich ja haben müsste, weil ich den Corona-Virus ausgelöst habe,

weil ich mir nicht im Klaren bin,

wie viele Frauen ich auch noch gewesen bin.

Und wenn ich dann sage:

"Doch. Mata Hari, Mater Dolorosa, Marter Pfahl, Maia
Bienentempel, Maria, Madonna, Maria Magdalena....",

dann sieben Neger mit Bob-Dylans mittlerer Phasen-Stimme
dazwischenrufen:

"Judas! Die fangen ja alle mit "M" an!
Was ist denn mit Tanja, Tina, Tittenjenny, Tippsenschlampe und
Tischtennismortischa?",

und ich dann sage: "Moment, mein Funkwecker klingelt!"

und Michael Jackson als Antwort ruft:

"Wieso Funk? Den spielt doch Prince?

Ich mach doch nur öde Discomugge,

die mir selbst verschleiern soll,

wie mir der Tiger in "White room"

die Farbe aus dem Gesicht geklaut hat.",

und ich dann sage:
"Das erklär ich dir, wenn ich das nächste Mal aus dem Irrenhaus
zurück bin, wohin ich aber nicht will, weil die Krankenzimmer da
weiß sind und schwarze Vorhänge haben."

Die Muschelsucher/innen

Eines Morgens, als der Verrückte aufwachte, merkte er, dass sich die Muschel neben ihm in ein ausgeleiertes Gummiband verwandelt hatte.

Er beschloss, dass es mal wieder an der Zeit war, seinem natürlichen Jagdinstinkt nachzugehen, und die ehelichen Pflichten (abwaschen, den Kindern Gardinenpredigten halten und dafür zu sorgen, dass niemand Gardinen mit Bettlaken verwechselte) an das Gummiband zu übergeben und mal wieder Muscheln aufzutreiben, die noch frisch rochen, und bei denen sich eine Vergewaltigungsanzeige wirklich lohnen könnte.

Da geschah es.

Urplötzlich war er am Strand von Muspelhausen, dem weltberühmten Badeort an der Nord-Ostsee. Und stellte fest, dass sein Beispiel Schule gemacht hatte. Unter dem Vorwand, für die Verfilmung eines Rosamunde-Pilsener-Romans zu recherchieren, waren junge und alte Frauen, Mädchen, Girlies und Schlampen, sowie ihre Psychotherapeuten-und Therapeutinnen, Vater-und Mutterprojektionen, verschiedene Halbabspaltungen von Norman und Norma Bates, Michael Meyers, Michaela Müllers und Schönengbitte auf der Suche nach der von ihnen im Sand vergrabenen Megamuschel, die sehr eng verwandt sein sollte mit Muschi, der Katze von Quader Quadrolsky. Das wusste man aber nur als Gerücht, der als vager Fischgeruch in der Luft hing.

Als alle gemeinsam anfingen, den Sand umzugraben, lobte ihr Gestalttherapeut anerkennend ihre Teamfähigkeit und notierte in seinem Fragebogen "Hat Talent zum Grundwasser-Finden". Sehr bald hatten die Buddelnden auch das gefunden, was sie nicht suchten. Nämlich eine leere Bierbuddel und - tatsächlich Grundwasser, was aber 7 Meter neben dem Meer nicht so ungewöhnlich ist. Sie gruben es daher höchst professionell den Afrikanern ab, füllten es in die leere Bierbuddel und tranken es auf dem Heimweg aus, um festzustellen, dass sie offenbar verliebt waren, so dermaßen, wie sie mittlerweile das Bier versalzten.

Am nächsten Morgen lautete die Schlagzeile der "Schild":

"Völlig überraschender Weise heute keine Vergewaltigung in Muspelhausen".

Als der Ehemann Hugo Egon Knallda mit schwerem Schädel erwachte, stellte er ernüchtert fest, dass er sich in sich selbst verwandelt hatte, seine Frau mit einem Kuss begrüßte, und sagte: " G'un Morgen, Schatz. Ich geh dann auch gleich mal um den Block, um meiner Midlife-Crisis auszuweichen, womit natürlich nicht du gemeint bist. Ich versprech dir auch, nicht nach New York zu fliegen. Da treffe ich doch sowieso nur Ronald Schill, der mir mit der Witwe von Udo Jürgens noch das letzte Koks wegzieht. Übrigens, falls du vorhast, unterdessen Dalli-Dalli zu schauen; das heißt jetzt "Gefragt-gejagt" und wird nicht mehr von einem Juden, sondern von als Deutschen getarnten Antisemiten moderiert . Man diskutiert zur Zeit, ob man die Show nicht gleich in "Halali - lasst das Glas klirren" umbenennen soll, denn man hat den dringenden Verdacht, dass Hans Rosenthal mittlerweile unter dem Namen Rosamunde Schnapsdrossel allseits bekannte Kitschromane vor dem Brexit, nachdem er bereits geschehen ist ‚nach Deutschland schmuggeln will, um zu gewährleisten, dass man aus Rosamunde Pilchers einem Roman noch mehr Rosamunde-Pilcher-Zweiteiler ohne jeden Überraschungseffekt drehen kann, ohne gleich an den offenen EU-Grenzen als Plagiator verhaftet zu werden.

Rotkäppchen 2020,
(# Babylon-Remix, Hamburger Album Edit, auch in Berlin abspielbar)

Sie wollten mich übermannen
unter den Tannen.

Sie wollten mich stören
unter den Föhren.

Ich sägte die Tannen und Föhren ab.
Sie sagten, ich schaffe ein Massengrab.

"Nein", sagte ich, "Ich hab nur nicht viel Geld",
drum fick ich jetzt hier auf freiestem Feld.

Da kam der Forstwirt und sagte: "Aha?
Sie fällten die Bäume, und keine Frau da?

Mit wem wo'lln sie ficken, darf ich das fragen?
Hier ist die Rechnung fürs schlechte Betragen."

"Na,na." sagte ich, "Wollt' die Bäume nicht fällen,
aber wenn hier im Wald immer Hunde rumbellen,

wenn Mörder mich jagen und schießen statt gießen,
dann kann ich mein Rendesvouz nicht genießen."

Da kam eine Maid in 'nem ganz kurzen Rock,
ein Körbchen zur Hand, in der andern kein Stock,

dafür auf dem Haupt eine rötliche Kappe,
man sah es sofort, es war keine Attrappe.

"Hey, Leute, ey sagt mal, wo ist denn der Wald?"
"Hab ich grade gefällt! Bin in dich so verknallt."

"Na, da schau mal an, der Wolf und der Jäger!,
wollt ihr saufen? Ich hab hier 'ne Flasche Steinhäger!"

"Nee, nee. Wir sind längst Abstinenzler geworden,
und ha'm uns verlegt, so vom Schießen und Morden,

auf die Liebste zu warten, und sie dann heiß zu küssen,
den andern Kram machen wir nur, wenn wir müssen,

im Kaspertheater hier gleich um die Ecke,
denn wir steh'n nicht mehr so auf 'Juda verrecke!'

Da kriegt dieses Mädchen verdammt große Augen
und der Mund wird noch größer, könn't zum Fressen gar taugen.

Die Männer, die das Originalmärchen kennen,
bekommen den Drang, schnell nach sonstwo zu rennen.

Doch das Mädchen sagt nur: "Schade, hier ist kein Wald.
Wär hier einer gewesen, hättet ihr mich geknallt.

Doch der Typ, der mich treffen wollt', hat klar geschrieben:
"Nur inmitten der Bäume kann ich dich lieben.

Und wo keine Bäume sind, da ist kein Wald,
auf dem freien Feld machen sie gern Leute kalt."

"Das war ich", sagte ich, "doch du hast lang gebraucht,
da habe ich die Zigaretten geraucht,

den Wein ausgetrunken, mir einen gerubbelt
und dann kamen sie an, nicht als Hasen gehubbelt,

sondern eher als uniformierte Gedrillte,
die mich erst mal fragten, warum ich hier grillte,

warum ich hier wichse, warum ich hier trinke,
warum ich den Wald hier mit Ziesen vollstinke.

Ich sagte nur "Fuck!" und da gab es den Knüppel,
den Schlag in die Fresse, und die Frage, ob Nippel

mich so sehr denn reizen, dass ich Kinder würd' nehmen,
ich sollte verschwinden, und mich dann zuhaus schämen.

Da sagte ich ihnen, mein Zuhaus sei der Himmel,
da schlugen sie tot mich, Glocken machten Gebimmel.

Als ich wieder wach wurde, war es sehr schön,
der Wald war noch da, und kein Fremder zu sehn,

da dachte ich, du würdest sicher noch kommen,
und habe mir mal sieben Tage genommen,

machte sie dann zu Zwergen, zu Raben, zu Sachen,
und dann hatte ich keine Lust mehr, zu machen.

Doch aus der Gewohnheit machte ich dann so weiter
und machte mir Rosse und machte mir Reiter,

die ließ ich als Pharaos Heer da so laufen,
und teilte das Meer, und ließ sie dort ersaufen.

Und Miriam tanzte, und dann kriegte ich Bock,
und wir schnappten die Frauen, keiner kriegte 'nen Schock.

Leider gibt's diese Szene nicht in "10 Gebote",
weil die Kirche dann sagte: "Dreht das nicht, das gibt Tote.

Dreht gerne die Szenen, wo sich Leute zerstücken,
doch nicht, wie die Juden ihre Frauen beglücken."

Drum zeigt jeder Bibelfilm stets viel Gemetzel,
auch da, wo die Vorlage weniger Sätzel'

oder keinen zur rohen Gewalt dort verliert,
doch steht da Intimes, dann wird es zensiert.

Doch, wie gesagt, ich bin immer bereit,
ich heiße Godot, und ich hätte jetzt Zeit."

"Mann, kannst du viel reden!", sagte müde die Maid,
in dieser Zeit könnt' ich ja schwören den Eid

dem Jäger, dem Wolf, dem Wein, der Großmutter,
dem Papst, Dieter Bohlen, Paulus, Saulus und Luther!"

"Das heißt heute Forstwirt.", sagte trocken der Jäger.
Da erschlug ihn die Maid mit der Flasche Steinhäger.

Was sie dann mit Godot, oder wie er heißt, noch so machte,
das bleibt beider Geheimnis, doch sie stöhnte, er lachte.

Jagdszenen in Öhndorf
eine Ostergeschichte

Die Luft war unerträglich heiß. Herr Wernicke nestelte an seinem verschwitzten Hemdkragen herum. Schon seit Tagen ging diese Corona-Quarantäne. Herr Wernicke war 97 Jahre alt und hatte gedacht, ihn könnte nichts mehr überraschen.

Er hatte es hingenommen, dass die Itacker in Deutschland eingefallen waren und Spaghettirestaurants eröffnet hatten. Er hatte es hingenommen, dass die Chinocken und Franzacken hier Restaurants eröffnet hatten. Bei den Gümmeltürken, die Gemüseläden und Dönerbuden eröffneten, hatte er schon innerlich gestöhnt. Aber als dann auch noch alle anfingen, Türkisch zu lernen, und den Islam toll zu finden, hatte er sich nach über 50 Jahren als zähneknirschender Demokrat mal wieder seine sorgsam versteckte Ausgabe von "Mein Kampf" vorgenommen, und auf dem Klo gelesen. Da merkte er plötzlich, was für ein hahnebüchener Unsinn da drinnen stand. Und plötzlich wusste er: Er hatte überhaupt nichts gegen Juden. Gegen alle anderen Ausländer und Rassen schon. Aber nichts gegen Juden. Ein heißer Schreck durchfuhr ihn. Ihm wurde fürchterlich bewusst, dass er gar kein Nazi war. Seine ganze Lebensidentität brach zusammen, und er weinte bitterlich. Aber er kriegte sich auch ziemlich schnell wieder ein und verschenkte seine Ausgabe von "Mein Kampf" an seinen türkischen Lieblingsbäcker, der die Seiten rausriss und darin Frikadellenbrötchen einwickelte.

Fortan suchten er und seine Frau Erdmute neue Beschäftigungen. Er las die Bibel und den Koran, sie färbte sich jeden Tag die Haare, mal grün, mal blau, mal rot, und rasierte sich zum Schluss einen flotten Punk-Iro-Schnitt.

Sie wurden Mitglieder in der progressiven Al Hallala-Moschee und in sieben Freikrichen, wo sie Büchertische, Häkelabende und Jodelkurse betreuten. Plötzlich waren sie bei vielen Jugendlichen außerordentlich beliebt.

Doch dann geschah es. Eine Grippewelle brach aus. Corona nannte die Presse sie. Und plötzlich mussten Herr Wernicke und seine Frau in ihrer kleinen Wohnung im siebten Stock in Quarantäne herumsitzen.

Die Luft heizte sich immer mehr auf. Der kleine Vorort Öhndorf, der vor der süddeutschen Metropole Uggenheim-Waronkenstadt gelegen war, brodelte. Herr Wernicke beobachtete vom Balkon, dass Türken, Italiener, Chinesen und Araber weiterhin in die Parks gingen und dort munter grillten, während man ihm und seiner Frau erzählte, Lebensmittel seien schon äußerst knapp. Da begann sein alter Ausländerhass wieder in ihm aufzusteigen. Aber er kam kaum noch aus dem Sessel. Also gewöhnte er sich an, sich andauernd selber auf den Kopf zu hauen, um seine Aggressionen loszuwerden. Manchmal schmiss er auch die Bierflaschen, die ihm Erdmute brachte, nach dem Austrinken gegen die Wand.

Dann kam Ostern. Die Kirchen hatten zu. Herr Wernicke schaltete den Fernseher ein, um wenigstens den morgendlichen Gottesdienst anzusehen. Da flimmerte eine Nachricht über das untere Band am Bildschirmrand: "Wegen großer Nachfrage senden wir heute statt des Ostergottesdienstes 'Batman und Robin verkloppen Superman Teil drei' , in der Extended Version".

Herr Wernicke stieß einen spitzen Schrei aus, der an das Gurgeln eines Elches mit veganer Birkenholzlimonade erinnerte.

Da donnerte sein fetter Nachbar Ole Olenspeeler durch die geschlossnene Tür und schrie Herrn Wernicke an: "Halt endlich deine Gosch, du Irrer!"

Von der dadurch entstehenden Druckwelle landeten alle drei, Herr Wernicke, Erdmute und Ole Olenspeeler auf dem Balkon und hielten dort noch drei Sekunden lang die Balance, bis sie mit lauten Todesschreien in die Tiefe stürzten.

Was dann geschah, weiß keiner mehr so genau zu sagen. Es war ein bisschen so, als stünde in Herrn Wernickes Wohnung jemand auf, der sehr lange geschlafen hatte. Er ging zur Balkontür, trat nach draußen und rief: "Der Stein ist weggerollt!"

Der Morgendunst am Rande von Jerusalem hatte etwas Feierliches. Drei in lange Gewänder gehüllte Frauengestalten waren auf dem Weg zu einem Felsengrab. Sie weinten. In ihren Händen trugen sie Gefäße mit Ölen, mit denen sie ihren verstorbenen Rabbi salben wollten. Die Jüngste von ihnen ging vor. Da sah sie es. Der große Stein, der vor dem Grab gelegen hatte, war zur Seite gerollt. Ein Mann in weißen Gewändern stand dort vor ihr am Grabeingang. "Meister!", rief sie, hielt sich die Hand vor den Mund und stammelte: "Geliebter Rabbuni..." Er lächelte. Ging auf sie zu und nahm sie zur Seite. "Ja.", sagte er. "Wir wissen es ja schon ganz lange. Aber mir scheint, der Rest der Welt ist immer noch nicht so weit." Er nahm ihre Hand und sie gingen hinunter nach Jerusalem.

*

Aphorismus für Paranoide

Wer sich immer fragt:
"Wer hat mich getötet?",
ist wahrscheinlich noch am Leben.

***

Ende Teil Zwei

Teil 3:
Wir retten Deutschland, Puppe,
lösch die Fluppe,
mach den Stern an deine Schnuppe

(Bethlehem ohne Grippe)

Süßer Schoß, wenn gut gesalzen
(Blumenspenden von Nazis)

ein Frühlingsgedicht

Ich pflanz meine Juden
und ihr pflanzt Bestechungsblumen,
ich red von 'nem Garten,
ihr meint Gott und sprecht von Numen,
ich red von 'nem Festmahl,
und ihr esst weiter Krumen,
zahlt dem Kaiser,
doch das Land tut nicht mehr boomen.

Ich bin im Gepäckraum,
da ging der Steuermann verlor'n,
der Zug, er rattert,
und es dröhnt in meinen Ohr'n,
ich kann es genießen,
doch ihr sprecht von Gottes Zorn,
der Zug fährt um 'ne Biegung,
mal den Teufel ohne Horn.

Sieht der Himmel nicht gut aus,
blau mit weißen Wölkchen dran?
Sieht die Erde nicht gut aus?
Frühling fängt von vorne an.
Sieht die Sonne nicht gut aus,
wenn sie strahlend scheinen kann?
Sieht mein Mädchen nicht süß aus,
sie läuft mir nach, ich bin ihr Mann.

Sind die Tränen salzig,
ist kein Blut im Ackerboden,
bringt der Jude Pfeffer,
preist man Gott auch mit den Hoden,
liebt sein schönes Mädchen,
fern von zeitbedingten Moden,
singt mit neuen Worten

trotzdem Salomonis Oden.

Ich wein um meine Mutter,
Maria friert, die Nazieltern,
sind als Schatten
in Nachbarn, die den Frostwein keltern,
Tabu schweigt Lieder
vom nackten Josef in Behältern,
der Jesus arschfickt,
rechts im KZ von Steuergeldern.

Wer diese Blumen annahm,
hat damit sein Beet verdorben,
läutet alte Glocken,
ehrt zwar Gott, doch als verstorben,
nennt die Kinder Jochen,
Karl und Friedhelm, Leif und Torben,
wo ist Magdalena?
Jesus hat um sie geworben.

Hintergrund des Gedichtes:
Eine reiche, rechtem Gedankengut nahestehende Frau „spendete"
der Kirchengemeinde bei mir um die Ecke testamentarisch
Blumenbepflanzung im Kirchgarten und Geld, mit der impliziten
"Verpflichtung", sich nun der deutschnationalen Sache einmal wieder
mehr anzunehmen. Geld macht's möglich. Ich kotze.

Mein Gedicht ist locker an Bob Dylans Song „It takes a lot to laugh, it
takes a train to cry" angelehnt, und an dessen frühere Textversion, die
unter dem Namen "Phantom egineer" zirkuliert und auf den Bootleg
Series zu haben ist.

Eben hat Angie noch gelacht

Eben hat Angie noch gelacht,
sie war verborgen in der Nacht,
ich fuhr von hinten an sie ran,
und mordete, denn ich bin halt ein Mann.

Dass ich nur einfach Fahrrad fuhr,
das scherte sie wohl nicht, die Hur'.
Zwar war ich schon sternhagelvoll,
doch Männer treiben es halt doll.

Ich rief noch: "Von der Straße runter!",
da lachte sie noch einmal munter,
dann krachte ich schon gegen sie,
sie starb, und wusste nicht mal, wie.

Zuhause habe ich geweint,
denn ich hab doch wohl, wie mir scheint,
ein Engelwesen hier getötet,
weil ich mir einen reingelötet.

Wo ist Europa, wenn ich penne?
(Bekenntnisse eines sexuell frustrierten Singles zu gepflegtem Covid-Beat)

Heute riss ich Dirk die Darmstadt raus
und baute mir daraus ein Brand New Toy.
Eine süße, kleine Schlampe aus Seuchenalarm und Taubenkot,
angereichert mit tödlicher Langeweile
und dem Gähnrachen der Vorstadtgullis.
20 nackte Plastikchinesen-Soldaten
trieben mich mit bellenden Befehlen dazu,
die Nutte immer wieder zusammenzuschlagen,
damit sie nordkoreanischen Fragmentierungsmenschen
ähnlicher werde,
die als Militärpuppen Kim Yong Un
die Zeit zwischen dem Atombombentest
und dem nächsten Tweet von Donald Trump vertreiben,
und auf seinem Schreibtisch ein bayrisches Jodelballett aufführen.
Danach europäisierte ich die Stinkluft in meinem Zimmer
durch Vorurteile gegen Ausländer,
Paranoia vor blauen Nazis,
das kreieren sinnloser Feindbilder,
und das Suchen eines neuen Erbfeindes,
der einem im Spiegelsaal von Versaille
die Erbsünde abnehmen könnte.
Währenddessen verwöhnte mich meine devote Nutte französisch
und ich schob ihr einen Crocque aus linksrechter Koalition
griechisch rein.
Hitler, die AfD und Greta Thunberg machten Pause,
Bazillen, Bakterien und Viren kämpften um ihre Gleichberechtigung
und um Arbeitsplätze in der Unterhaltungsindustrie,
ich fickte alle Covidschlampen krankenhausreif,
bis ihnen die Corona aufging,
hörte Dirk Darmstädter, Jochen Distelmeyer
und die Offenbarung des Johannes
als Hörbuch mit der Stimme von Betty Boop,
und in Bielefeld ist ein Damstädter Schwerenöter.

Kennedy

Wenn alle denken, dass die neue Zeit kommt,
und Angst und Ungemach das Land regiert,
und Kinder Könige und Opferlamm sind,
in den sozialen Medien vorgeführt,
und Kim Yong Un genauso betet,
wie Donald Trump, und keiner kennt
den Feind, der segnet, noch bevor er tötet,
und ohne Mitleid jeden Wald abbrennt,
dann geht ein Gott vom Gas, ein einzig' Mal nur,
als ihm ein Kindlein vor den Wagen läuft,
man schickt es nochmal, und der Gott fährt drüber,
ein Schütze lädt die Waffe, und die Oma säuft.

Dr. Mabuse

In den Tiefen sitzt Jesus in der Zelle,
bekritzelt weiße Blätter mit seinem Testament.
Herr Dr. Baum ist sein Betreuer,
er ringt um ihn, weil er ihn kennt.

Doch oben in Berlin, da tobt der Teufel,
die Menschen, unruhig, warten auf den Knall,
Kommissar Lohmann kämpft mutig gegen Zweifel,
ermittelt weiter in diesem kruden Fall.

Die Sonne hat 'ne glänzende Corona,
der Himmel, die Partei, die Nacht ist blau,
das Kreuz macht man mal links, mal rechts, mal gar nicht,
wer in der Mitte hängt, sieht oben eine Frau.

Sie sieht die Zeichen, doch wer soll sie deuten,
sie arbeitet akkord dagegen an,
ein Lenker lenkt, es bellen Hundemeuten,
wer ist der Böse? Vermutet wird ein Mann.

Zwei Liebende, sie kennen ein Geheimnis,
der Glaube rettet sie aus jeglicher Gefahr,
die Stadt sucht M., er schläft, wo Harry Lime ist,
die Liebe singt stets neu, nie, wie es war.

Ein Gaswerk steht des Nachts am Rand der City,
ein Mandelzweig blüht weiß im Frühlingswind,
das Wunder schauen off'ne freie Augen,
die anderen sind für dies Zeichen blind.

"Sie woll'n das Gaswerk sprengen! Lohmann, kommen!
Es ist Mabuse, er diktiert uns das!"
Lohmann springt in sein schnelles Auto,
ihm ist zwar mulmig, doch er drückt aufs Gas.

Und Dr. Baum tritt in die karge Zelle,
er weiß, dass man Mabuse falsch versteht,
"Sie hetzen, statt zu ruhen, jeder Welle
laufen sie nach, solang es geht."

"Ach, Peterchen, sie seh'n den Feind nicht kommen,
sie feiern Partys noch auf dem Schafott,
und komm ich dann herein, zückt man die Waffe,
die Augen aber rufen: "Herr, mein Gott!"

Angelehnt an den Film „Das Testament des Dr. Mabuse" von Fritz Lang.

Erkältungsviren im Feuer

„Sauber, sauber…", sagte der Polizist, der mich verhaftete
wegen Verdreckung meiner Gedanken.

„Ich bin gegen Staatskontrolle!", sagte ich.

„Ich auch.", sagte der Polizist,
bekam leere Zombie-Glubschaugen
und schlug mir in die Fresse.

„Sind sie an Corona angesteckt, sie abgefucktes Bullenschwein?",
fragte ich, während mir das Blut aus dem Mund lief und ich mehrere
Zähne ausspuckte.

„Ja, klar, du linke Drecksau, deswegen darf ich dich ja auch so
vermöbeln.
Ich bin eh nicht mehr zurechnungsfähig.
Und wenn es doch Ärger gibt, lasse ich mir von Angela Merkel
persönlich ein Lügenzertifikat ausstellen, dass du was gegen Juden
gesagt hast."

„Ich hab nichts gegen Juden, ich bin links.",
sagte ich, während ich mich aufrichtete, und meine Zähne
nachwuchsen.
Mit milden, irren Augen sah ich den Polizisten an,
und um mein Haupt erstrahlte eine Aureole.

„Wenn ich nichts getan habe, warum schlägst du mich?"

Der Polizist schrie auf wie ein verletztes Kind,
holte ein Feuerzeug hervor
und zündete mich an.

„Es muss enden!", schrie er.

„Ja.", sagte ich,
stieg über mich selbst hinaus
und trat ihn mit meinem riesigen linken Fuß in den Boden.

Dann wischte ich mir die Flammen aus den Haaren
Und riss mich selber durch.

Und das Corona-Virus, das ich bin
schälte sich aus meinen Überresten,
und wurde wieder ich.

Unter Viren
(Eine Heimatdichtung)

Silhouetten von Servietten an Spaghetten
zu unterscheiden,
das ist des Kellners Müh in Corona-Town.
Zombieähnlich huschen rasende Kellnerinnen
um die Coronen herum,
und versuchen schneller das Essen auf die Teller zu bekommen,
als sie es servieren können.
Dabei verwackeln sie das ganze Raum-Zeit-Kontinuum,
und schaffen den Sprung durch die Lichtmauer ohne Warp-Antrieb.

Keiner weiß, wovor der Ekel größer ist:
Vor Gesundheit, oder vor Krankheit.
„Ich bin so gesund, weil ich immer bei ihnen esse.",
sage ich.
Die Kellnerin reihert mir vor die Füße
und kippt im Dunst des Spaghettitopfes um.

Ich dachte immer, ich wüsste, was Surrealismus ist.
Ich kannte das aus Filmen und aus Gedichten,
sogar aus meinen eigenen.
Es zu erleben, erfüllt mich mit einer Mischung aus Erhebung und
tiefstem Weltpessimismus.
Warum muss auch noch der Weltuntergang im Stil eines Trash-
Filmes ablaufen?

Ich suche Trost in der Bibel.
„Dein Same wird nach links und rechts ausbrechen und die Heiden
erben,
und in verwüsteten Städten wohnen.",
sagt mir mein tägliches Bibelorakel
bei Jesaja
im spontan aufgeschlagenen Buche.

Das nehme ich als Resttagesauftrag,
wichse nach links und nach rechts,
in der Hoffnung, dass ich so

auf übernatürliche Weise Nachkommen erhalten,
die Lüneburger Heide erben,
und dort „Roy-Black-Filme-drehen"-Verbotsschilder aufstellen kann.

In verwüsteten Städten lebe ich schon.
Die Wüste ist meine innere Ödnis
angesichts des Massenwahns,
und die Fata-Morganen
sind meine Mitmenschen,
die sich wie von innen geschälte Hüllen
durch die Walachei
der vorhandenen Fülle
gaukeln lassen,
ohne in die leckeren Früchte zu beißen.
Innerlich vertrocknet
an der Unfähigkeit, sich etwas zu gönnen.

Ich sehe eine geile Pantherfrau
mit nackten Füßen in Turnschuhen.
Sie lebt.
Hinter den Gesichtsmasken schwitzend
tauschen wir in der U-Bahn
fiebrige Blicke,
beide zu gehemmt,
übereinander herzufallen.
Wir leben im Dschungel,
aber uns hindern die Fesseln der Zivilisation.

Wäre ich auf Selbstbedienungsrestaurants geeicht,
hätte ich mich da jetzt selbst bedient.

Immer wieder bringe ich mir neu kochen bei,
um irgendwann meine Traumfrau
aus dem lila Sumpf der Universalmuschi
ernten zu können.
Es fällt schwer,
weil jeder Supermarkt irgendwann
die nötigen Zutaten
für meine Lieblingsgerichte

nicht mehr hat.
Unterstellt wird mir dann wie immer
Junggesellen-Unfähigkeit.

Rasend drehen sich die Sterne
in meinem Milchmädchenuniversum
um den Mond Tetrapak.

Mit einem spitzen Schrei
fliegt die Milch
in die Kaffeetasse.

Ich bin dein Spiegel

Durch Dezembereiseskälte spurt dein Blick, verzweifelt, leer,
und du wünschst dir Vater, Mutter, Weihnachtsbratendüfte her.
Leben hat dich schwer gezeichnet, fragst dich, ob es Gott noch gibt,
und wenn ja, ob er dich annimmt, wie ein Vater gütig liebt.
Oder schwebt er, selbst ermüdet, über dieser irren Welt,
die er lang schon nicht mehr lenkend, schützend in den Händen hält?
Und du fragst dich, hast du Liebe, hast du Zuwendung verdient,
wo du doch so oft verletzt hast, feig warst oder hassbemient.
Keine Ahnung, keine Meinung, keine Hoffnung und kein Geld,
stehst du mitten in der City, und Dezemberregen fällt.

Oft hab ich mich ganz genauso, kalt, verlassen, leer gefühlt,
und in meiner Schmerzensseele selbstverurteilend gewühlt.
Doch heut hat sie mich gestreichelt, eine Weise von Lou Reed,
und ich fühlte mich getröstet und gestärkt von diesem Lied.
Darum, jetzt, wo ich dich sehe, in der großen Innenstadt,
weiß ich, dass mein Herz dir geben kann, was es empfangen hat.
Und ich grüß dich, und du freust dich, schön, wie sich dein Antlitz
hellt,
und dann gehn wir - jetzt gemeinsam - durch die kalte Winterwelt.
Und am Ende dieses Abends, bei Kaffee und Kerzenschein,
weißt du wieder du bist wertvoll, und wir zwei sind nicht allein.

Das Lied von Lou Reed ist "I'll be your mirror", das er mit Velvet Underground aufgenommen hat. In der Studioaufnahme wird es von der deutschen Sängerin Nico gesungen. Lou Reed ist im Jahr 2013 am 27. Oktober verstorben, in derselben Zeit wie mein Vater. Auch über seinen Tod war ich sehr traurig, weil seine Musik mir viel gibt. Danke Lou, you were real. Take a walk on the wild side!

Gewitter

Komm zu mir meine Schöne,
lang war der Tag, heiß ist die Nacht.
Kühle verspricht der Regensturm auf meinem Balkon.
Doch wir wollen das Feuer nicht löschen,
sondern sein wie kamasutrische Blitze und tantrischer Donner,
kraftvoll, entfesselt und wild,
hemmungslos in sündiger Unschuld,
explodierend in die Freiheit des entgötterten Himmels.

Warst du das kleine Mädchen im Mohnfeld,
das sein Blut vergoss in der Ruine am Wegrand
als der Freund dir sein Indianerehrenwort gab,
dir immer treu zu sein?
Wie willst du es wiederfinden
in der Stadt der Spiegelfassaden,
wo jeder Blick nur wieder dein eigener Hades ist?

War ich der Junge am Fluss,
der nach den Schwalben pfiff und Bremsspuren machte
mit seinem BMX-Rad im nassen Sand?
Meine Schwalben sind in Afrika verstorben
und meine Bremsspuren sind zerrissen
von mitleidlosen, spätergeborenen Fahrradreifen.
Wo finde ich die Furche meines Pfluges?

Der graue Aschsatan legte seine matte Haut auf unsere Leben,
und Plüschsesselhalbwahrheiten stopften unsere Che-Guevara-
Münder.
Commandante mit dem Feuerblick, dein Gewehr wehrt dem Wert
der Sicherheit,
reißt Wahrheit in die Welt und tanzt mit dem Wolf,
lüftet sein weißes Höschen überm U-Bahnschacht.

Meine Libanonzeder, sei mir Komplizin
im Kampf gegen den Zensor im Synapsenkrieg.
Mein ist das Königreich der feuchten Betten,
sei mein nadelgleiches Spielzeug im Lakenuniversum

und ich lecke dein Blut auf,
ein Jäger, ein Hirschhetzer, ein verwundetes Wild.

Und wenn du mich krallst und ich in dich falle,
finden wir gleichnishaftes Ozon,
wie einen Schatz in den Händen
aus Gewitter geerntet,
libertè toujours,
auf ewig verschworen,
Niemand kennt dieses Gold
aus entgötterten Himmeln.
Niemand als wir.
Wir sind frei.

Augen, die standhalten, wenn man in sie blickt
(Schwester der Gnade)

Die Frau, die ich von Herzen liebte,
die spüre ich als Echo noch,
sie ahnt, dass ich mich nach ihr sehne,
sie ruft mir zu: "Wir leben doch!"
In Raserei greift nach einander,
was sich im Leben fast verlor'n,
zwei Liebende, zwei Strategien,
ein Ort, zu oft sich selbst gebor'n.
Gelebt in Hinterlassenschaften,
die man niemals so ganz gespürt,
nach vorn geprescht, hinein ins Leben,
gelebt, geliebt und rebelliert.
Gedacht, man hätte was begriffen,
und dass man's hat, das weiß man auch,
man hütet dies Gefühl der Weisheit,
als wär's ein Kind, in seinem Bauch.
Man schluckt es runter, gallenbitter
rumort's in einem, liebeskrank,
beim Anblick all der feigen Zwitter,
die auch gedrückt der Schule Bank,
in diesem Staat, in diesem Leben,
in dieser Welt, in dieser Zeit,
und sich jetzt wegdreh'n, weder Christen,
weder Juden, schmerzbefreit.
Wir wollten einen Sozialismus,
du nickst mir zu, und sagst: "Genau."
Ein bisschen Gott, ein bisschen garnichts:
Das Abendlicht im Plattenbau.

***

Ende Teil 3

Epilog:

Wohin die Sterne fliegen, ist nicht schnuppe

Eine dieser Nächte

Sicko und seine Freundin Axtschmutzgirl waren aus der Psychiatrie ausgebrochen. Es war Heilig Abend, und sie wollten mal etwas anderes sehen, als die dumpfen Lügen in ihrer Klapse. Sieben Jahre lang hatte man sie dort nun schon gefangen gehalten, und sie wurden immer malliger. Als der Weihnachtskaffee serviert werden sollte, hatte Sicko dem Pfleger die Kanne aus der Hand gerissen, und sie ihm mit voller Wucht auf den Kopf gedonnert. Dann hatte er sich Axtschmutzgirl geschnappt, die vor Lust kreischte, beide traten dem am Boden liegenden Pfleger nochmal auf den Kopf, rannten Hand in Hand zur Ausgangstür, Sicko kickte mit seinem Stahlfuß dagegen und die Tür flog in tausend Scherben. Immer noch Hand in Hand liefen die beiden durch die Flure der Psychiatrie, immer, wenn ihnen jemand entgegen kam, lachten sie total irre, so dass denen, die sie hätten aufhalten können, sofort das Herz stehen blieb oder in die Hose oder Psych-hose rutschte. Durch die Außentür kamen sie problemlos. Ein verdatterter Pizzabote im Weihnachtsmannkostüm öffnete sie gerade, und das Pärchen rannte durch.

Sicko und Axtschmutzgirl fühlten sich frei. Der Himmel war dunkel, von ein paar Sternen abgesehen, die Luft war frisch und angenehm, und sie liefen durch einen dunklen Park und sangen Weihnachtslieder. Ab und zu kamen sie an beleuchteten Reklametafeln vorbei, auf denen Dinge standen wie "Make war, not love!" oder "Allah is an inch tall", oder "The true way of Christinanity is murder!" Dann kreischten sie, lachten laut und rannten in doppeltem Tempo weiter.

Manchmal kamen sie an einem alten Mann in einem grauen Mantel vorbei, der, wenn sie ihn passierten, leise und traurig murmelte: "Das Leben ist eine einzige Vergewaltigung!". Während sie durch den Park liefen, begegnete er ihnen drei Mal. Jedes Mal tauchte er vor ihnen auf, obwohl er viel langsamer lief als sie.

Schließlich hatten Sicko und Axtschmutzgirl die Shoppingmall erreicht, die am anderen Ende des Parks lag. Sicko, dessen Stahlfuß außerhalb der Psychiatrie versagte, riss ein Verkehrsschild ab und schmiss es durch die Glastür. Sofort ging ein heulender Alarm los.

Mit einem Affenzahn rannten die Verliebten durch die Shoppingmall, und stießen alle Stände, und was da sonst noch im Weg stand, um. Immer irrer wurde Axtschmutzgirls Gelächter, und Sickos Lachen war ein tiefer, abgründiger Bass geworden.

Schließlich kamen sie bei dem Supermarkt am Ende der Shoppingmall an. Axtschmutzgirl ließ einen gellenden Schrei los, worauf von weit hinten aus der Shoppingmall eine riesige, schmutzige Axt geflogen kam, durch die Glasfront des Supermarktes donnerte, und Sicko und Axtschmutzgirl, die von der schmutzigen Axt nicht mehr zu unterscheiden war, flogen im hohen Bogen in den Supermarkt, in dem das Licht anging und landeten platt in der Gemüseabteilung zwischen stinkenden, welken Salat-und Kohlköpfen aufeinander. Sicko fing sofort an, es mit Axtschmutzgirl zu treiben und sah gierig und geifernd, wie ihre Augen vor Geilheit immer größer wurden und ihr Mund unartikulierte Lach-und Stöhngeräusche von sich gab.

Mittlerweile war der alte Mann im grauen Mantel auch in der Shoppingmall angekommen, ging gemächlich durch die Gänge, tickte hier und da an die Lichtgirlanden, die daraufhin begannen, weihnachtlich sanft zu leuchten. An einem Stand nahm er sich einen Christstollen und an einem anderen Gewürztee und ging zum Supermarkt. Dort war es bereits wieder dunkel. Mutig, wie er immer war, ging der alte Mann einfach in dieses Dunkel hinein. Da gingen die Lichter wieder an, und es war der Stall von Bethlehem. „Ich kann es noch!", lächelte der Alte glücklich. Er wusste: Mit allem rechnen sie am Ende der Zeit, aber nicht mit Güte. Und wer hätte schon ahnen können, dass Sicko und Axtschmutzgirl nichts weiter gewollt hatten, als die Weihnachtsgeschichte nachzustellen…

Über den Autor

Patrick Rabe wurde 1976 in Hamburg geboren. Nach 14-jähriger Schulzeit auf einer Waldorf- und einer Staatsschule, die bereits geprägt war von künstlerischen Projekten im schriftstellerischen, musikalischen und Theaterbereich, ging er 1997 ins Ruhrgebiet, um Krankenpfleger zu werden, und seine Studien über das Leben zu betreiben. Eine Krise führte ihn bereits 1998 wieder nach Hamburg, wo er sich einer Künstlergruppe anschloss und sich anschickte, seine alten Talente neu zu entdecken. Die Entscheidung für ein Leben als Künstler fällte er bewusst.

Von 2001 bis 2015 war er Mitglied des Theaterlabor 82 und war außerdem an mehreren Performances von Andreas Leuze beteiligt. Er war Straßen-und Kneipenmusiker, veranstaltete Konzerte und Lesungen. Von 2005 bis 2017 war er als Mitgründer an der Literaturgruppe SeelenPFlug beteiligt. Er wurde in mehreren Anthologien veröffentlicht und gewann 2006 den März-Poetry Slam in der Ponybar. (Slam the Pony).

Er brachte insgesamt 5 Bücher bei Books on Demand heraus. Zur Zeit sind noch erhältlich die Titel „Eros und Agape-Geschichten und Gedichte über die Liebe", „Gottes Zelt – Glaubens-und Liebesgedichte" und „Sulamiths Äpfel – Poeme aus dem Garten der Geschlechter".

Immer wieder rang der Autor mit seiner religiösen Weltdeutung, seiner Prägung aus Elternhaus, Schule und Privatumfeld und den Unebenheiten des Lebens. In der Pause nach "Sulamiths Äpfel" schrieb er mehrere theologische Betrachtungen und publizierte und diskutierte Theologisches und Literarisches im Internet. Er experimentierte mit expressionistischen und surrealistischen Gedichtformen und sammelte neues Material. Die Corona-Krise bewog ihn, den hier vorliegenden, neuen Gedichtband herauszugeben. Aus Sicht des Autors geht es zur Zeit um wesentlich mehr, als um eine unterschiedlich bewertete und eingeschätzte Grippewelle. Als Deutsche, Europäer, Weltbürger, Menschen… ringen wir momentan um eine neue, tragfähige Standortbestimmung. Das vorliegende Werk stellt sich dem mutig, radikal, poetisch und provokativ.